AF267098

DES

ULTRÀ

EN 1818,

ET DE LA NOTE SECRÈTE.

DES

ULTRÀ

EN 1818,

ET DE LA NOTE SECRÈTE;

Par le Chev. de N.

> Pardonnez-leur, Seigneur, car
> ils ne savent ce qu'ils font.
> N. S. J. C.

A PARIS,

Chez DELAUNAY, Libraire, au Palais-Royal;

Et chez tous les Marchands de Nouveautés.

1818.

PRÉFACE

DE L'AUTEUR.

CHAQUE jour j'entends faire le procès à la Révolution ; je suis bien loin de vouloir soutenir une cause à jamais perdue, quant aux abus, car les principes restent et sont immuables. Mais ce qui m'étonne, c'est de voir ceux qui s'offrent comme victimes de la fureur des révolutionnaires, vouloir faire revivre ces temps de sinistre mémoire, où le crime était, sur tous les points de la France en deuil, érigé en vertu. Et qui sont ces hommes ? Des êtres qui se parent du beau titre de royaliste ; qui, si on les laissait faire, exécuteraient bientôt, au nom du Roi, ce que Robespierre, Saint-Just, Carrier, Lebon et consorts exécutaient au nom de la Liberté.

Ne nous ont-ils pas prouvé leurs funestes intentions par ce *manifeste honteux*, monument de lâcheté et de perfidie, par lequel ils prétendaient que, pour sauver la France, il fallait la livrer aux mains de ses cruels ennemis : ils ne trouvaient pas de meilleur moyen pour soutenir le trône chancelant de S. M. Louis XVIII. Ils n'ont point changé de caractère : lâches et pusillanimes, leur défection dressa l'échafaud de Louis XVI en 1793 ; ramena en 1814 l'homme qui pendant cent jours exila loin de la France celui qui seul pouvait lui donner la paix et consolider son gouvernement et ses institutions morales et politiques par la Charte, monument de sagesse et de prévoyance. Rien de tout cela ne leur convient : ils voient les Français prêts à s'armer les uns contre les autres ; ils voient le torrent révolutionnaire prêt à renaître et à tout envahir ; et que ne voient-ils pas dans

leur affreux délire, ou que ne feignent-
ils pas de voir? Selon eux, le ministère
ne suit qu'une marche incertaine ; il
faudrait leur abandonner les rênes du
gouvernement : alors vous verriez le
bonheur renaître pour tous ; et quel
serait ce bonheur (*)? d'étouffer *la Révolution renaissante* dans le sein de la
France qui la recèle; c'est-à-dire, pour
parler plus catégoriquement, de leur
permettre d'organiser sur tous les
points de la France une force armée,
non pour prêter main-forte à la loi,
mais pour servir les partis ; de les
laisser modifier tellement la Charte,
qu'elle ne serait plus qu'une ombre,
et qu'ils remplaceraient par un code
à leur façon, qui serait, à quelques
nuances près, le digne pendant de
celui de 1793, où *Collot* et autres
*grands législateurs, aussi humains
qu'éclairés*, enseignaient au peuple

____

(*) Note secrète.

que l'insurrection était le plus saint des devoirs : alors ils formeraient une représentation nationale à leur gré, et, d'après leurs principes, ils en écarteraient avec soin ceux qui, amis sincères du prince et de la patrie, veulent, selon la Charte, le maintien des institutions libérales ; alors ils anéantiraient tout ce qui est constitutionnellement et légalement garanti par les 76 articles de la Charte. Et quels sont leurs titres, leurs moyens, leurs garanties pour oser se mettre ainsi en évidence, élever la voix, proposer des plans, des changemens, et indiquer au gouvernement la marche qu'il doit suivre? Quels sont leurs titres? Ils n'en ont aucun ; à moins qu'on ne veuille leur accorder que l'arrogance et la faiblesse sont des vertus et des qualités dont on peut s'enorgueillir. Et dans quel moment viennent-ils s'ériger en réformateurs, et veulent-ils opérer des changemens dans les lois qui nous régissent ? c'est lorsque le gou-vernement se consolide; que le Congrès actuellement formé à Aix-la-Chapelle, réglera, fixera les droits des nations ; que la France reprendra le rang qu'elle doit occuper ; que la balance politique de l'Europe sera dans un juste équilibre ; c'est au moment où les élections qui vont avoir lieu, placeront parmi nos législateurs des hommes éclairés par la sagesse et l'expérience, animés du seul amour du bien public ; c'est dans ce moment, dis-je, que ces hommes sans consistance, sans aucune garantie morale ni politique, s'agitent et conspirent. Et contre qui veulent-ils faire retomber la haine implacable qu'ils ne prennent plus la peine de dissimuler ? Contre ceux même qu'ils avaient juré de défendre et de secourir envers et contre tous. Ils menacent ceux qui ne se sont jamais écartés du chemin de l'honneur et de la gloire, et qui, pendant vingt-cinq ans, sacrifièrent tout à ces deux sentimens idoles des Français dignes de ce nom. Ils les accusent d'être les ennemis du gouvernement et du trône : insensés calomniateurs! leur soumission égale leur courage. S'ils sont restés quelque temps dans une attitude imposante, appuyés sur leurs redoutables armes, ils voulaient opposer une barrière aux entreprises des ennemis de la France ; ils voulaient mettre un frein à des prétentions trop exagérées ; mais dès que, forcée de céder à des circonstances impérieuses, la voix de l'autorité s'est fait entendre, ils ont déposé leurs armes; et rendus dans leurs foyers, ils ont donné l'exemple du respect et de l'obéissance. Si jamais on avait besoin de leurs services, ils se rangeraient avec empressement sous l'étendard des lis et marcheraient encore à la victoire. Et voilà ceux que l'on désigne sous des dénominations atroces : mais en a-t-on vu un seul figurer dans les rangs de ceux qui ont voulu s'opposer à l'affermissement d'un gouvernement régénérateur? Non. Cette révolution qui leur sert de prétexte pour alarmer, pour faire naître des craintes, cette révolution est finie. Les hommes qui s'y livrèrent à des excès se vouent eux-mêmes à l'obscurité. Contens et satisfaits de l'oubli auquel on les condamne, ils ne cherchent point à se montrer sur la scène politique; ils reconnaissent leurs erreurs, ils en gémissent sans doute; et une cruelle expérience leur a prouvé que lorsqu'on s'abandonne à ses passions et à la fureur des partis, il est facile de s'égarer. Quant à ceux qui constamment fidèles aux principes, n'ont jamais émis que des idées libérales, et qui ne cherchent à avoir quelqu'influence dans la société que pour les faire prévaloir, quelles défiances peuvent-ils inspirer? aucunes : s'il veulent obtenir des places, se mettre sur les rangs,

c'est moins pour eux que pour faire
triompher la cause sacrée de la patrie
et de cette liberté aussi éloignée de
la licence que leur cœur est étran-
ger à la perfidie et à la trahison. Voilà
les hommes qu'il faut employer et
que nous devons tous charger de défendre et de maintenir nos droits. Les
souverains, réunis au congrès, sont
(nous en sommes certains) pénétrés
de ces grandes vérités ; ils savent
maintenant quels sont ceux qui cherchent à troubler le repos de la France
et celui des nations ; ils ont accueilli,
comme ils le devaient, ces récla-
mations, ces notes insidieuses, dont
le bien public était le prétexte, et
dont l'intérêt particulier, ou l'esprit
de parti, la véritable cause. Insensés, qui avez pu enfanter de pa-
reils projets! quel était votre espoir? Supposons, pour un instant,
qu'un succès éphémère eût couronné
vos funestes entreprises : croyez-vous

que vous n'eussiez pas fini par être écrasés vous-mêmes sous le frêle édifice que vous aviez l'intention d'élever? Ceux dont vous auriez voulu vous défaire, les vrais amis de la patrie et du Roi, vous eussent anéantis. Vous n'ignorez pas quel est leur nombre, leur courage, leur fermeté et la pureté de leurs intentions. Voilà ce qui vous désespère : en vain vous voulez les noircir, toujours on leur rendra la justice qu'ils méritent ; et la vertu, le patriotisme, l'amour du bien public, triompheront de votre rage et de vos efforts, devenus impuissans par la confiance et l'heureuse harmonie qui vont régner parmi les Français.

Nous sommes las de ces réactions, de ces mouvemens excités par des hommes qui sont toujours au-delà des principes ; qui n'appuient leur système désorganisateur que sur le trouble et la confusion; qui prudemment se mettent à l'abri et hors d'atteinte lorsque les partis sont en présence, *et prennent des forces pour ceux qui se battent.*

Lorsque le danger est passé, ils viennent recueillir les fruits de la victoire et parler de leurs efforts ; tels sont ces hommes qui depuis vingt-cinq ans, s'étayant sur d'antiques souvenirs et des titres vermoulus, se croyaient seuls dignes d'aspirer aux honneurs, aux emplois, etc. Eh! Messieurs, si vos aïeux furent recommandables par de grandes qualités, par des vertus éclatantes, montrez-nous que ce précieux héritage ne vous est pas échappé. Si vous n'apportez dans la société qu'un nom dont le poids vous écrase, je ne vois plus en vous que la reliure d'un livre sur le dos duquel on a laissé subsister un beau titre : c'est justement la fable *du Chameau et des Bâtons flottans :*

De loin c'est quelque chose, et de près ce n'est rien.

Rendez-vous donc plus de justice,

messieurs les exaspérés , convenez que le silence et la retraite vous sont commandés par vos plus grands intérêts.

Pour nous, qui voulons la gloire et le bonheur de notre patrie , nous saurons maintenir la Charte. Ce palladium de la France est la sauve-garde de tous ; ne souffrons donc pas que la moindre atteinte lui soit portée. Celui à qui nous la devons , le Roi , sait de son côté faire face à tous les partis ; il comprime tous les factieux par cette haute sagesse et cette prévoyance qui le caractérisent. Son expérience et ses profondes méditations sur la révolution qui pendant vingt-cinq ans a tourmenté l'Europe, lui ont appris quels sont les moyens à employer pour éviter ces convulsions politiques qui agitent le corps social. S'il ne peut paraître en personne au Congrès , sa sagesse y présidera , et ses instructions seront le guide et la boussole de ceux qui sont appelés à l'honneur de le représenter ; il sera le Nestor de cette auguste réunion.

Comme son cœur paternel doit être flatté de l'influence dont il jouit , le bonheur de son peuple en sera la récompense ; c'est le seul prix qu'il ambitionne. Français , soyons fidèles à la plus belle des causes ; renonçons à toute opinion contraire , à toute pensée qui ne resserrerait pas le lien qui nous attache à la patrie ; soyons le colosse contre lequel viendront se briser les haines, les projets, les ambitions. N'imposons de lois à personne ; mais ne souffrons pas qu'on nous en dicte : et comme l'a dit un de nos plus grands Rois : *Soyons les maîtres chez nous , et qu'on ne nous force pas à nous rappeler que souvent nous l'avons été chez les autres.*

DES
ULTRÀ
EN 1818,
ET DE LA NOTE SÉCRÈTE.

CHAPITRE PREMIER.

Quels sont les ultrà - royalistes.

IL y a deux ans, la France était divisée;
était-ce en factions, en partis, ou bien en
coteries? je laisse chacun se classer à son gré.
On y distinguait des républicains, des bonapartistes, des libéraux, et des royalistes
constitutionnels. Aujourd'hui tout a changé
de face; les républicains, les bonapartistes,
les libéraux et les royalistes constitutionnels
font cause commune; ils ont senti le besoin
de se réunir, et cela est tout naturel : l'or-

donnance du 5 septembre, la destitution de quelques intrigans de toutes couleurs, des changemens dans le ministère, les garanties que donne la Charte, *la loi sur la liberté de la presse*, le recrutement de l'armée, l'abolition des cours prévôtales, tout enfin a dû rattacher le peuple à la cause royale; et le peuple, aujourd'hui, aime véritablement le Roi, parce qu'il reconnaît que ce prince veut réellement le bien de son peuple, et cela convient aux gens honnêtes et aux véritables honnêtes gens.

Il y avait en France, à cette époque, une cinquième faction, ou bien un cinquième parti, ou une cinquième coterie; celle-là existe encore, elle existe seule et demeure toujours séparée et distincte. Elle se compose de ces hommes qui, profitant de l'heureuse époque de la restauration, se dévouèrent au Roi *au moment où le Roi n'avait plus besoin de secours*, et vinrent offrir leurs services alors qu'il n'y avait *plus de dangers à courir*. N'avons-nous pas vu une nuée *de prétendues victimes de la révolution* assaillir les portes du ministère, demander des grades, solliciter des emplois, réclamer des pensions,

des décorations (*beaucoup* (*) ont obtenu
grades, emplois, pensions et décorations).
Les méritaient-ils ?.... pouvait-on les leur
refuser ?.... A les entendre, ils avaient sa-
crifié fortune, famille, repos, tout enfin,
pour aider le souverain légitime à remon-
ter sur le trône de ses pères. Ah ! si les
ministres eussent été bien informés, ils auraient su que les onze douzièmes de ces hommes qu'ils récompensaient, qui se targuaient
de leur attachement au Roi, et des pré-
tendus sacrifices qu'ils avaient faits pour lui,
étaient tranquillement restés pendant vingt-
cinq ans dans leurs terres, qu'ils n'avaient
quittées que bien des jours après la rentrée du
Roi dans sa capitale. Ils auraient su que c'é-
taient ces mêmes hommes qui, à la funeste
journée du 10 août, abandonnèrent lâche-
ment le malheureux Louis XVI, et laissèrent
le soin de sa défense à une poignée de braves

(*) Nous ne citerons pour exemple que M. ****, offi-
cier subalterne de la marine à l'époque du siége de Lyon,
créé baron par Bonaparte, et qui, faisant valoir les services qu'il dit avoir rendus à la famille royale, est par-
venu à se faire nommer contre-amiral.

qui périrent presque tous par la main de ces assassins soulevés contre leur roi, et soldés par des gens intéressés au renversement du trône, *ou peut-être par de soi-disant amis*. Ils auraient su que c'étaient encore les mêmes hommes qui, en 1815, s'enfuirent tout tremblans, et qui, au lieu de courir aux armes et d'arrêter Bonaparte dans sa course, restèrent dans une honteuse inaction, et n'opposèrent à ce torrent dévastateur que leurs éternelles chuchoteries (*). Et voilà ceux qui voudraient régner en France! Ah! grand Dieu, préservez notre malheureuse patrie d'une telle calamité! que deviendraient les Français, si des hommes aussi lâches et aussi méchans parvenaient à s'emparer des rênes de l'état?....

____

(*) Allez dans la promenade publique, vous y verrez le comte ***, à la belle chevelure; le chevalier ci-devant jeune homme, poudré à frimas; son collègue en veste de prunelle; plusieurs autres adolescens du siècle dernier: enfin la jolie *marquise* présidant le fameux club; tous ensemble bouleversant l'Etat, changeant les ministres, rétablissant les priviléges, etc., etc., et ne rappelant pas mal à ceux qui les observent ces assemblées que tiennent entr'eux les pensionnaires de Charenton.

Ce sont ces *illustres victimes* qui, au mois d'août 1816 et 1817, jugeant qu'ils étaient trop connus pour faire partie du gouvernement ; trop lâches et trop ineptes pour inspirer la moindre confiance, calomniaient auprès des puissances étrangères les intentions les plus pures. Les gazettes étrangères étaient devenues les échos de leurs éternelles lamentations ; ils y inséraient leurs diatribes, leurs réflexions, leurs plans, leurs projets. S'ils s'apercevaient que l'opinion publique prenait une direction contraire, que l'inquiétude tourmentait toutes les classes de la société, ils en éprouvèrent une secrète jouissance ; on voyait une joie sinistre se peindre sur leurs figures bilieuses ; et l'espoir du mal et de la désorganisation les faisait tressaillir. Quels horribles caractères ! avouons-le : des hommes de cette trempe devraient être marqués du sceau de la réprobation (*).

____

(*) Ils disaient aux puissances étrangères : « Les » esprits les plus obstinés ont été obligés de se rendre » à l'évidence. Le Roi est placé sans appui au milieu » du torrent de la révolution. Elle occupe tout, de- » puis le cabinet du Roi, qui en est devenu le foyer,

~~~~~~

CHAPITRE II.

Preuves de la lâcheté et de la méchanceté des ultrà.

Les avons-nous jamais vus attaquer de front leur ennemi? les avons-nous vus lever noblement la tête devant ceux qui sont en opposition avec leurs principes? Non. Les *ultrà* ont-ils eu recours à de honteuses dénonciations? ont-ils supposé des machinations ourdies contre le gouvernement? ont-ils voulu, par des délations criminelles, perdre ceux qu'ils regardaient comme leurs ennemis, et compromettre la liberté des citoyens paisibles? Oui (*). Que faut-il de plus

----

» jusqu'aux dernières classes de la nation, qu'elle agite
» partout avec violence: les principes destructeurs de
» la monarchie sont professés à la tribune par les ministres du Roi. » (*Note secrète*, pag. 10.)

(*) Nous ne retracerons pas les injustices commises par ces prolétaires de la faction anti-nationale. Ne nous suf-
~~~~~~

(23)

pour caractériser non-seulement la lâcheté,
mais encore la plus noire scélératesse? Je
ne parlerai pas de ces prétendues conjura-
tions qu'on dit être leur ouvrage, on pour-
rait croire que je veux insulter au malheur de
ceux qui, innocens ou coupables, sont dans
les fers; c'est aux tribunaux qu'il appartient
de décider une aussi grande et aussi grave
question, et d'approfondir un mystère qui
semble inextricable aux yeux de tout être qui
réfléchit. Quel honnête homme, dans le fait,
osera présumer que des Français puissent rê-
ver de telles horreurs, et calculer froidement
dans leur cabinet le moyen de soulever le
peuple et de faire rouler ensuite sur l'échafaud les têtes des malheureux qu'ils auraient
égarés : cela paraît impossible à croire; mais
si cela avait pu exister, quelle horreur ne
devraient pas inspirer les auteurs d'un aussi
infâme *machiavélisme*!

Quoi de plus atroce que l'espèce d'horreur que semble leur inspirer le démembre-
ment de la France! Leur sang se révolte,

---

fira-t-il pas de rappeler les assassinats du maréchal
Brune, des généraux Ramel, Lagarde, etc. ?

disent-ils ; mais c'est de rage, en voyant que ce désir qui les tourmente ne peut être satisfait. Ils annoncent aux souverains que cent vingt mille hommes ne suffisent pas pour comprimer la révolution qu'ils voient prête à éclater ; et ils s'empressent de leur indiquer qu'il faut se hâter de réunir des forces assez imposantes pour arrêter ce torrent qui va tout engloutir : le meilleur moyen même, à leur avis, serait de se partager le royaume ; sans cela, tout va périr (*).

____

(*) Ils ajoutent : « *Rien* n'est exagéré dans les
» craintes que nous exprimons : l'avenir les justifiera
» toutes ; quelles que soient les leçons de l'expérience,
» elles seront encore perdues pour les souverains de
» l'Europe ; ils chercheront à se garantir de nos aver-
» tissemens, plutôt que du danger : ils penseront que
» cent vingt mille hommes suffiront pour comprimer
» l'esprit d'insurrection, lorsqu'un million d'hommes
» suffirait à peine ; et lors même que la France serait
» asservie, la France révolutionnaire décomposerait
» les armées victorieuses par le poison des idées révo-
» lutionnaires. » (*Note secrète*, pag. 17, 18, 19.)

CHAPITRE III.

Ils tournent à tout vent.

Vive le Roi! criaient-ils tous, *vive le Roi quand même !* C'était superbe. Ils croyaient bonnement que le Roi, pour leur complaire, allait renverser l'édifice qu'il élevait avec tant de peine ; qu'il allait nommer des ministres à leur choix, fouler aux pieds la Charte, etc. etc.: rien de tout cela ; aussi plus de vive le Roi, plus de *vive le Roi quand même.* Et voilà de nouvelles chuchoteries : le Roi, disent-ils ; est un homme faible, le Roi court à sa perte, les ministres le trompent, l'armée n'est plus composée que de séditieux et de jacobins, les républicains n'attendent que le départ des alliés pour renverser le trône ; enfin, nous touchons à une crise, et la France est perdue, si l'on ne change *ces ministres perfides.* Il faut avouer que si ces messieurs *avancent ces propos de bonne foi,* ils sont passablement stupides, et que s'ils *mentent à leur conscience et veulent encore une fois abuser le peuple qui n'est plus leur dupe*, ils sont épouvantablement méchans... l'épithète est bien douce encore : rétablir les potences, la question ; exterminer tout ce qui a servi l'usurpateur ; déposséder, chasser les acquéreurs des biens nationaux ; et faire de la France une nouvelle Rome sous Néron, Tibère ou Caligula : voilà les propos de ces amis du Roi ; ils vous les débitent avec une douceur tout-à-fait aimable ; et si l'on n'avait été témoin, l'année dernière, du contentement et de la joie farouche qu'ils éprouvaient lorsqu'on promenait le couteau fatal dans les pauvres villages du Lyonnais(*), on serait tenté de croire qu'ils ne pensent pas un mot de ce qu'ils disent. Mais, hélas ! nous n'avons que trop de preuves certaines de leur méchanceté et de leur *amour de la vengeance*.

N'espérant aucun succès dans leurs pro-

______

(*) Ne les avons-nous pas vus, rayonnans de joie, courir en foule sur le passage de ces malheureux *conspirateurs* du 8 juin, et leur insulter encore à l'instant où le glaive de la justice allait les frapper ?

jets, la dynastie régnante ne leur convient plus ; les Bourbons ne leur ont point donné des places à leur convenance, les ont éloignés du ministère, n'ont point prêté l'oreille à tous les projets de vengeance, à toutes les mesures révolutionnaires qu'ils se complaisaient tant à établir et à mettre à exécution : ces Bourbons si chers ne sont plus dignes de régner ; par la même raison, les ministres du choix du roi et investis de sa confiance doivent être renvoyés : ils ne sont pas de notre parti, disent-ils finement ; *qui n'est pas pour nous, est contre nous, et nul n'aura d'esprit que nous et nos amis.* Et toujours, pour cacher leurs désirs sous des raisonnemens captieux, ils vous montrent un danger imaginaire auquel ils prêtent ce charme de la réalité qui a tant d'attraits pour eux, et ils le représentent comme une fiction, dont le but est le bien public. Ingrats ! vous émettez votre vœu le plus cher ; c'est ce désir qui vous rendit coupables de cette série de crimes dont un repentir tardif ne vous fait pas même rougir.

____

(*) Ecoutez-les : « La masse de la France roya-

» liste, qui avait attaché tout son espoir au retour des
» hommes et des principes légitimes , s'accommoderait-
» elle de perdre des espérances qui lui sont si chères ,
» encore qu'elles aient été déçues ? Quels soutiens au-
» rait le Roi ? On jugera bien que c'est uniquement
» pour compléter le tableau de toutes les suppositions
» qui peuvent se présenter , que nous avons cru devoir
» discuter les questions d'un changement de dynastie.
» Les nouvelles institutions politiques de la France
» peuvent-elles lui convenir ? nous allons examiner
» cette importante question. Que peuvent des minis-
» tres qui ne portent pas avec eux et n'attachent pas à
» la défense de la couronne la puissance de l'opinion
» publique exprimée par une de ses voix prépondé-
» rantes , ou , pour parler plus simplement, la puis-
» sance d'un parti ? Ainsi , il est impossible de ne pas
» admettre que le changement des personnes qui com-
» posent le ministère soit le moyen le plus certain de
» changer le système faux et dangereux du gouverne-
» ment. » (*Note secrète*, pag. 19 , 29 , 39.)

CHAPITRE IV.

Aucun gouvernement ne leur convient, s'ils ne le dirigent.

ET par quels moyens ces hommes tenteroient-ils de parvenir à leur but ? Ils calomnient la France entière, dénoncent à l'Europe les ministres du Roi, et réclament, pour les remplacer, l'intervention des souverains alliés. Qu'arriveroit-il si les vœux de ces *anti-français* venaient à s'accomplir ?

Sans doute, l'ordonnance du 5 septembre, la loi des élections et quelques autres mesures ont ébranlé les espérances de ces hommes qui voudraient prostituer le nom de royalistes ; toutefois le gouvernement a été modéré, indulgent même à leur égard : on n'a point retiré les honneurs et les pensions qui leur furent si libéralement distribués ; ils sont revêtus des plus hautes dignités, ils possèdent enfin plus des trois quarts des emplois de toute espèce (car ils n'en ont dédaigné aucuns) : cependant ces mêmes hommes ne cessent de se plaindre, et leurs lamentations sont loin d'être contenues dans de justes bornes. Que veulent-ils ?

Parmi les *ultrà* les uns ne voient dans la légitimité que l'appui de ce qu'ils appellent leurs *légitimités* ; les autres ne veulent le trône que pour le soutien de la puissance ecclésiastique ; quelques-uns naguères serviteurs d'un despote, jouissent des biens qu'ils amassèrent sous son règne (*) ; la liberté les importune ; tous veulent dominer, tous veulent de l'argent, une hérédité de places pour eux et les leurs ; tous enfin veulent exploiter la France à leur profit, et une monar-

______

(*) Il est tout naturel que ceux-là se déchaînent contre toute idée libérale, et sur-tout contre la liberté de la presse ; ils craignent avec raison que quelques hommes courageux disent à la nation tout ce qu'ils firent sous Bonaparte, et tout ce qu'ils seraient capables de faire sous le monarque légitime, toujours pour augmenter leur puissance et leur fortune.

chie constitutionnelle ne leur convient pas.

Que le Roi se déclare monarque absolu, propriétaire même, pourvu qu'il les choisisse pour ses *ministres* ou pour ses *fermiers*, ils le porteront aux nues.

Si un mauvais génie troubla quelques instans le repos de la France après la restauration, on n'en doit accuser que les *ultrà*. Leur jactance et leurs prétentions alarmèrent une partie des Français, et ne contribuèrent que trop au succès de l'entreprise de Bonaparte; et lorsqu'en 1815 les circonstances ramenèrent leur influence, quels en furent les effets? Ils sont trop connus pour entreprendre de les rappeler ici : je craindrais, en le faisant, de fatiguer la pensée, et de laisser dans l'âme des impressions fâcheuses; quelques députés émirent des opinions en opposition avec les principes. Les passions et l'esprit de parti imposèrent silence à la raison et à la sagesse. On entendit ceux qui devaient cicatriser les plaies causées par vingt-cinq ans de malheurs, prêcher à l'envie l'intolérance; et si quelqu'ami (*) de

____

(*) M. D'Argenson et autres vrais royalistes.

l'humanité et de la patrie voulut faire entendre sa voix, elle fut étouffée par des cla-
meurs et des vociférations.

La sagesse du gouvernement, en délivrant
la France, sauva ces insensés de leurs propres fureurs ; mais croit-on que depuis la
mémorable ordonnance du 5 septembre ils
aient ouvert les yeux ? Croit-on que fran-
chement et de cœur ils se rallient à la
Charte ? Non. C'est une vérité trop bien
reconnue : les *ultrà* sont incorrigibles.
On ne doit rien espérer d'hommes à qui
de longs malheurs n'ont laissé aucune expérience ; de vieillards qui ne vivent plus que
de préjugés et de souvenirs ; de Français
qui renonceraient à ce titre glorieux pour
satisfaire leur vain amour-propre, et qui
deviendraient sans difficulté sujets du *grand
Lamox*, de l'empereur de la Chine, du roi
de Congo, ou du dernier chef des Arabes
du désert, s'ils avaient non pas la certitude,
mais seulement l'espoir qu'ils seraient ac-
cueillis et soutenus dans leurs ridicules entreprises. A tous les êtres que maîtrisent
leurs haines et leurs intérêts, s'unit la foule
imbécille de ces bourgeois encore ivres d'hon-

neurs peu mérités , qui déplorent une révolution à laquelle ils doivent presque toutes
leurs richesses , et caressent, pour s'y enter,
une caste qui les méprise. Ceux-là aussi sont
incurables ; l'ignorance , la sottise , la vanité
ne peuvent changer.

Par le propre langage des *ultrà* on peut
prévoir leur marche dans le cas où les
ministres seraient pris dans leurs rangs. *Si
nous avions gouverné*, dit la Note secrète (*),
*nous aurions soumis le pays au joug de la
morale et de la religion nous , n'aurions pâs
cherché l'appui du gouvernement dans les passions d'un vain peuple. . . . . Nous aurions fait
respecter les alliés. . . .* Ce n'est là , sans doute ,
qu'une partie de leur pensée ; encore les
auteurs de la Note en ont-ils déguisé l'expression ; mais nous les comprenons assez. *En un
mot*, concluent-ils, *la révolution serait repous-
sée dans quelques abstractions méprisées et
dans une opposition peu dangereuse . . . . . .*

Or, qu'est-ce que *la révolution* dans le sens

(*) Page 49 et suivantes.

qu'on doit l'entendre ici ? Il n'existe plus de de cette révolution que les principes et les intérêts garantis par la Charte: en la donnant à la France, le Roi a terminé la révolution, et l'on ne doit désormais nommer révolutionnaires que ceux qui censurent et attaquent incessamment l'ordre des choses établi par la constitution ; qui la regardent comme une concession *temporaire et révocable*, une *mesure* de circonstance ; ceux qui veulent enfin que la *révolution soit reléguée dans quelques abstractions méprisées.*

La Charte, expression de l'esprit du siècle, n'a fait que consacrer ce que la force des choses avait amené. Sous ce rapport, elle est inexpugnable. La lutte des préjugés et de l'intolérance contre les lumières et la liberté est trop inégale pour que l'issue en soit douteuse; mais cette lutte peut amener bien des maux, si elle se prolonge; le moindre succès du parti anti-national ferait *couler bien des larmes et peut-être bien*......

Il faut en convenir, quelques chefs des ultrà possèdent des talens dignes d'une meilleure cause. S'ils s'emparaient du ministère,

sans doute ils se garderaient d'attaquer ou-
vertement la constitution, et ils enchaîne-
raient la fougueuse impatience de leurs sec-
taires. Plus adroits qu'en 1815, c'est sour-
dement qu'ils travailleraient à miner la
Charte et à détruire l'application de ses principes, tout en affectant pour elle le plus
profond respect. Ainsi, tout en se disant
royalistes par excellence, ils décrient sans
cesse le gouvernement du Roi, et osent
l'outrager lui-même.

La Charte, d'ailleurs, n'est rien sans le
maintien des lois qui en assurent l'exécution; et les meilleures lois sont inutiles,
dangereuses même, si les dépositaires de
l'autorité sont mus par d'autres sentimens
que ceux du bien public, et dirigés par une
autre impulsion que celle de la justice. Bonaparte opprimait la France avec toutes les
formes représentatives; il foulait aux pieds
nos libertés, sans daigner déchirer l'acte
qui leur servait de garantie : le prestige des
conquêtes favorisait sa tyrannie; mais les
baïonnettes étrangères sont-elles moins puis-

santes, et tous les alliés sont-ils nos amis (*)?
En 1815 et 1816, sous l'empire de la Charte
et d'un Roi père de son peuple, ou plutôt
malgré leur empire, nous avons vu la nation
tourmentée par des factieux ; nous avons vu
ces guerriers, la gloire de la patrie, vexés,
humiliés par des soldats d'un jour ; nous
avons vu tous ces hommes qui s'aiment et
s'estiment exclusivement, préluder au régime déjà loin de nous, et très - inconve-
nant aux mœurs de la génération présente.

Que serait-ce donc si le ministère, au lieu
de comprimer les *ultrà*, devenait l'appui de
leur parti ? si toute l'autorité, comme toute
la force publique, était entre leurs mains ?
Une telle union développerait leur tendance
au mal : bientôt il n'y aurait plus de justice
et de liberté que pour les *ultrà; plus* d'emplois que pour leurs enfans et leurs proté-
gés (**) ; on ne verrait *plus pour maires que*

______

(*) Rappelons-nous encore que M. de Châteaubriant,
dans sa *Monarchie selon la Charte*, a fort ingénieuse-
ment trouvé le moyen d'établir avec la *Charte l'olygar-
chie la plus tyrannique.*

(**) Il faudrait alors que ces hommes, tout couverts de
blessures, portant à leur côté les preuves de leur vail-

les anciens seigneurs ; l'instruction publique,
confiée exclusivement à gens de leur choix(*),
ramenerait insensiblement à l'ignorance, la
génération future. C'est là précisément ce
que veut cette caste d'hommes exclusifs.
Une telle éducation favoriserait singulièrement leur dessein. Ils pourraient alors, abusant de leur influence, assurer leur pouvoir
et se permettre impunément tous les actes
arbitraires. Et qu'on ne dise pas que la représentation nationale opposerait une barrière
à tant de maux. En France comme en Angleterre, le ministère se rend maître de la majorité, et ses adversaires peuvent tout au

---

lance, baissassent humblement la tête devant des pygmées à peine échappés des bancs d'un collége où d'un
pensionnat, et n'ayant pour tout mérite qu'un nom illustré par leur bisaïeul ou trisaïeul, et peut-être cent fois
déshonoré par leurs pères.

(*) Nous n'entendons point dire du mal des hommes
qui se vouent à l'instruction ; mais il ne faudrait pas que
le penchant qu'on a pour ces instituteurs s'opposât à l'enseignement mutuel, ainsi qu'on s'efforce de le faire dans
quelques provinces, en soutenant que tout ce qui n'est
pas de la *doctrine chrétienne* est anti-chrétien. D'ailleurs, la méthode de ces frères est lente, et l'éducation
qu'ils peuvent donner n'est ni mâle, ni libérale....

plus retarder sa marche. D'ailleurs, l'inter-vention de la chambre basse dans le gouver-nement est bornée; elle est sans action contre le pouvoir exécutif, qui a pour agir' des moyens tout-puissans.... Donc un régime tel qu'ils voudraient nous le donner, nous conduirait insensiblement à l'esclavage, et dès-lors le peuple, sans énergie, n'oppose-rait plus de digue aux efforts des puissances qui voudroient subjuguer la France.

Heureusement le Roi règne et régnera toujours lui-même; et quels que soient ses ministres, il tient le timon de l'état, il règne sur les Français, et non pour quelques mil-liers d'égoïstes indignes de ce nom.. Il con-naît leurs actions, il connaît leurs vœux et leurs projets. Il n'hésitera pas entre les té-nèbres et la lumière; et en extirpant à jamais tout germe de troubles, il sera encore une fois le sauveur de la patrie.

Les *ultrà* - royalistes, en un mot, ne veulent aucun gouvernement, ne recon-naissent aucune puissance, à moins qu'elle n'émane d'eux : ils sont le flambeau qui doit éclairer l'univers. La sagesse qui régénère, les principes même ne sont plus rien; ils veulent les recréer : ils en ont le talent, les moyens. Je ne sais pas pourquoi l'ordre de la nature ne leur semble pas interverti ; peut-être un de ces jours voudront-ils aussi le réorganiser à leur manière.

O miseras mentes hominum !

A quel excès d'aveuglement nous porte l'amour-propre, lorsqu'il a pour guides l'ignorance et la stupidité ! Croirait-on que de tels êtres marchent sur deux pieds et ont la faculté de penser, de réfléchir, et de lever les yeux vers le ciel ? non. Et voilà ces hommes qui, se croyant des êtres par excellence, déshonorent la plus belle des causes !

Ultra-royalistes, le passé a prouvé que vous n'étiez propres à rien ; que l'énergie, le courage n'étaient chez vous que de l'entêtement dirigé par l'orgueil. Le présent vous montre dans le même état. Hommes absolument nuls, l'avenir vous placerait au nombre de ceux qui ont été le fléau de la société ; si par faiblesse on vous accordait un rang et une portion d'autorité. Tout détruire est votre projet ; consolider ce qu'il y a de bon, est le vœu du gouvernement et celui de ses amis. Renoncez (tous les bons Français, les véritables amis du Roi vous y invitent), renoncez à des projets chimériques, évidemment contraires aux véritables intérêts de la patrie. Vous êtes la classe la moins nombreuse , et vous en convenez vous-mêmes, vous êtes aussi celle qui a le moins de moyens de gouverner. Retirez-vous donc ; on pourra oublier ce que vous avez fait et ce que vous voudriez faire. Ne vous étonnez donc pas si vous rencontrez une opposition aussi constante et aussi fortement prononcée :

La raison du plus fort fut toujours la meilleure.

Or, lorsque cette raison si précieuse est réellement unie aux moyens répressifs, c'est en vain que ses adversaires voudraient lutter.

Terminons ce faible exposé par quelques citations qui mettent en évidence les principes des *ultrà* que nous combattons. Ils n'ont point d'ambition , disent-ils ; mais ils voudraient que tout se fît par eux et pour eux. Ecoutons-les encore

« Nous croyons avoir porté jusqu'à l'évidence ces » vérités essentielles, que, pour changer un systême

» d'administration, il faut changer ceux qui le di-
» rigent : dans le gouvernement constitutionnel le pou-
» voir doit s'appuyer sur des *partis* ; *il faut, en*
» *conséquence, choisir celui de ces messieurs* ; *cepen-*
» *dant ils n'ont point d'ambition, et la preuve, la*
» *voici :*

« Les royalistes, qui ont été appelés dans diverses
» occasions à traiter de la réunion de leur parti au
» ministère, n'ont demandé ni places, ni honneurs ;
» il n'y a point de places à désirer dans une maison
» qui brûle ; ils se dévoueraient, cependant, par ce
» sentiment du bien et de l'amour de leur pays qui
» les a soutenus dans la terrible situation où ils ont
» été placés. « *Est-il rien de plus généreux* ? *Comment*
ne pas les bénir ? « Ils sont les seuls qui puissent sau-
» ver leur pays, les seuls qui puissent soutenir le
» trône et les priviléges acquis par le peuple. » (*Note*
secrète , pages 43 , 44 , 47 , 84.)

Peut-être est-ce un malheur pour nous,
de ne pas vous croire ; mais, que voulez-
vous, nous sommes tellement persuadés que
tout ce qui viendrait de vous serait un mal
et un très-grand mal, que nous ne saurions
nous exposer au risque de faire l'essai de
votre gouvernement ; il offrirait l'image de
la boîte de Pandore ; il serait précisément
l'antre du lion malade : nous ne sommes pas

dès renards pour la finesse ; mais chacun
de nous vous dit avec franchise :

> . . . . Mais dans cet antre
> Je vois fort bien comme l'on entre,
> Et ne vois pas comme on en sort.

Imprimerie de P. GUEFFIER, rue Guénégaud, n° 31.